AF194515

Impressum
Verlag: BABADADA GmbH, Nedderfeld 112 , 22529 Hamburg
Geschäftsführer / Verlagsleitung: Harald Hof
Druck: Books on Demand GmbH, In de Tarpen 42, 22848 Norderstedt

Imprint
Publisher: BABADADA GmbH, Nedderfeld 112 , 22529 Hamburg, Germany
Managing Director / Publishing direction: Harald Hof
Print: Books on Demand GmbH, In de Tarpen 42, 22848 Norderstedt, Germany

1

школа

de School

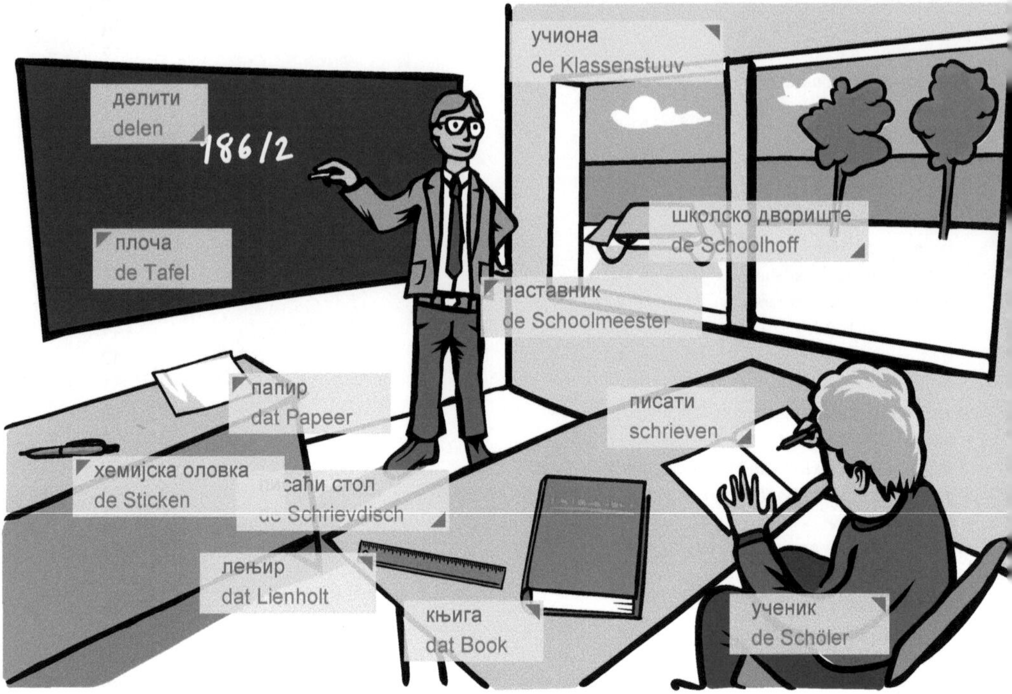

делити
delen

186/2

плоча
de Tafel

учиона
de Klassenstuuv

школско дворище
de Schoolhoff

наставник
de Schoolmeester

папир
dat Papeer

писати
schrieven

хемијска оловка
de Sticken

сати стол
de Schrievdisch

лењир
dat Lienholt

књига
dat Book

ученик
de Schöler

торба
de Ranzel

перница
de Feddermapp

графитна оловка
de Bleesticken

шиљило за оловке
de Scharpmaker

гумица за брисање
dat Radeergummi

блок за цртање
de Tekenblock

цртеж

de Teken

кист

de Pinsel

кутија са бојама

de Malkassen

маказе

de Scheer

лепило

de Klever

бележница

dat Heft to'n Öven

домаћи задатак

de Huusopgaav

12

број

de Tall

2+2

сабирати

tohooptellen

5-2

одузимати

aftrecken

2×2

множити

malnehmen

рачунати

reken

A

слово

de Bookstaav

ABCDEFG
HIJKLMN
OPQRSTU
VWXYZ

абецеда

dat ABC

реч

dat Woort

текст

de Text

читати

lesen

креда

de Kried

час

de Stunn

дневник

dat Klassenbook

испит

de Pröven

сведочанство

dat Tüügnis

школска униформа

de Schooluniform

образовање

de Utbillen

лексикон

dat Nakieksel

универзитет

de Universität

микроскоп

dat Mikroskop

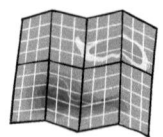

карта

de Koort

кошара за папир

de Papeerkorf

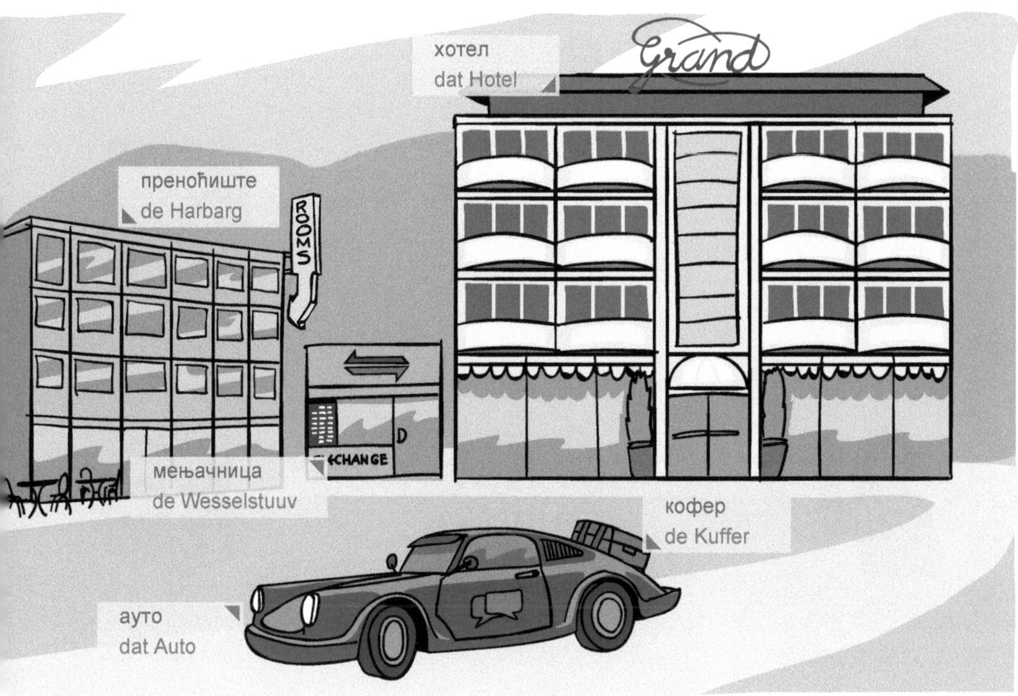

хотел
dat Hotel
Grand
преноћиште
de Harbarg
ROOMS
мењачница
de Wesselstuuv
кофер
de Kuffer
ауто
dat Auto

језик

de Spraak

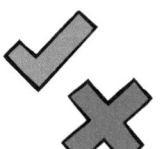

да / не

jo / ne

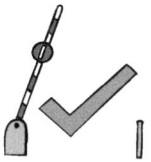

океј

Jo

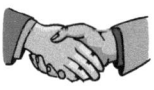

здраво

Moin

преводилац

de Översetter

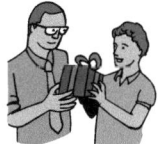

хвала

Dank ok

Колико кошта...?

Wat kost...?

не разумем

Ik verstah nich

проблем

dat Problem

добро вече!

Goden Avend

Добро јутро!

Moin!

Лаку ноћ!

Gode Nacht!

довиђења

Tschüüs

смер

de Richt

пртљага

de Bagaasch

торба

de Tasch

руксак

de Rüchsack

гост

de Gast

соба

de Stuuv

врећа за спавање

de Slaapsack

шатор

dat Telt

туристичке информације

е Touristeninformatschoon

плажа

de Strand

кредитна картица

de Kreditkoort

доручак

dat Fröhstück

ручак

dat Meddageten

вечера

dat Avendeten

карта за вожњу

de Fohrkort

лифт

de Fohrstohl

поштанска маркица

de Breefmark

граница

de Grenz

царина

de Toll

амбасада

de Bottschop

виза

dat Visum

пасош

de Pass

транспорт

de Transport

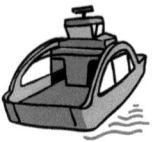

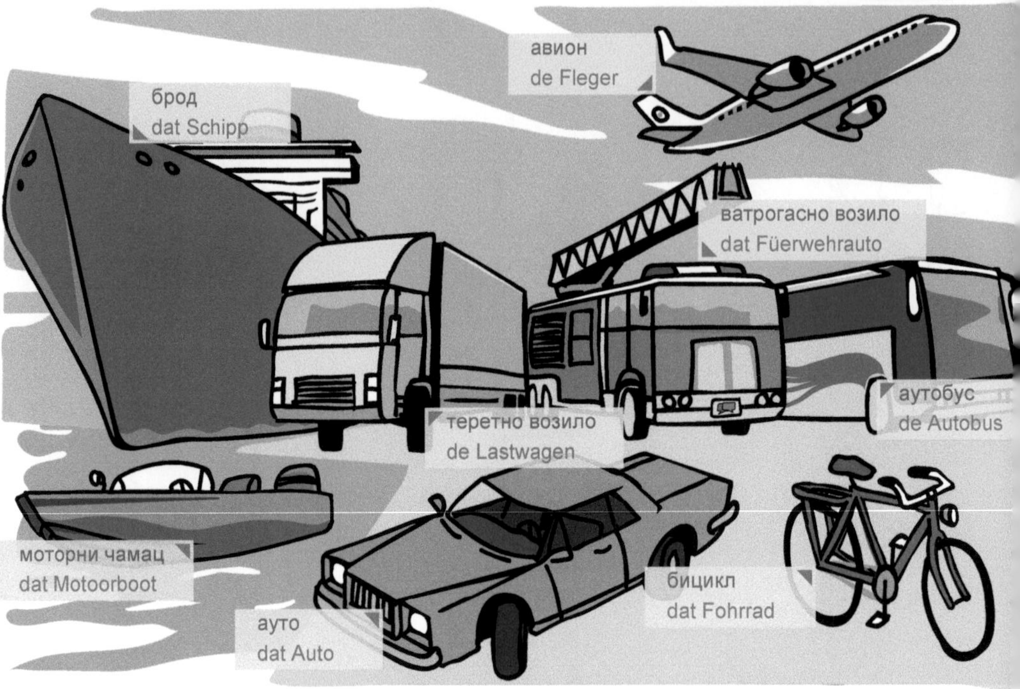
авион
de Fleger
брод
dat Schipp
ватрогасно возило
dat Füerwehrauto
аутобус
de Autobus
теретно возило
de Lastwagen
моторни чамац
dat Motoorboot
бицикл
dat Fohrrad
ауто
dat Auto

трајект

de Fähr

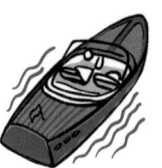

чамац

dat Boot

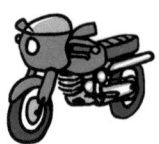

мотоцикл

dat Motoorrad

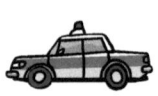

полицијски ауто

dat Polizeiauto

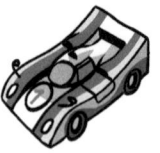

тркаћи ауто

dat Rönnauto

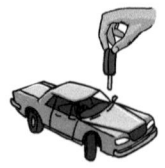

изнајмљено ауто

de Lehnwagen

дељење аутомобила

dat Carsharing

вучно возило

de Afsleepwagen

возило за одвоз смећа

dat Müllauto

мотор

de Motoor

бензин

de Kraftstoff

бензинска станица

de Tanksteed

саобраћајни знак

dat Verkehrsschild

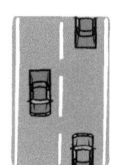

саобраћај

de Verkehr

застој

de Stau

паркиралиште

de Afstellplatz

железничка станица

de Bahnhoff

шине

de Sporen

воз

de Tog

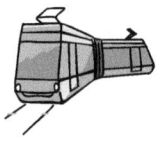

трамвај

de Stratenbahn

вагон

de Wagon

хеликоптер

de Dwarsmöhl

аеродром

de Flooghaven

кула

de Tower

путник

de Fohrgast

контејнер

de Grootkist

картон

de Karton

колица

de Koor

корпа

de Korf

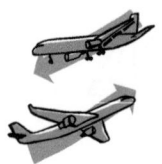

узлетети / слетети

starten / lannen

град
de Stadt

село

dat Dörp

центар града

de Binnenstadt

кућа

dat Huus

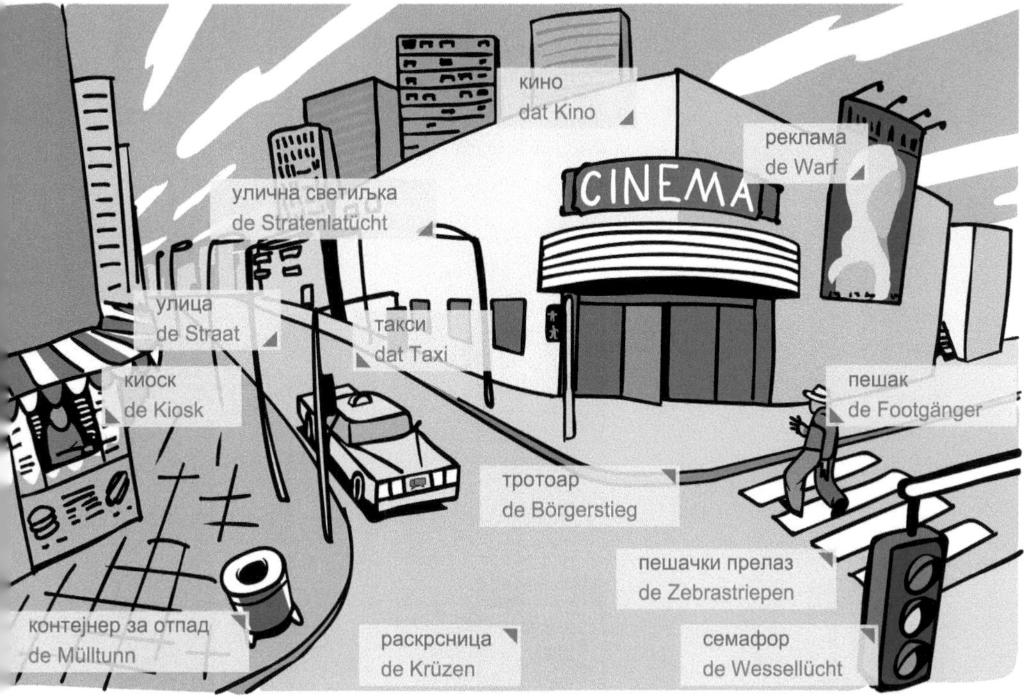

кино
dat Kino

реклама
de Warf

улична светиљка
de Stratenlatücht

CINEMA

улица
de Straat

такси
dat Taxi

пешак
de Footgänger

киоск
de Kiosk

тротоар
de Börgerstieg

пешачки прелаз
de Zebrastriepen

контејнер за отпад
de Mülltunn

раскрсница
de Krüzen

семафор
de Wessellücht

колиба
de Hütt

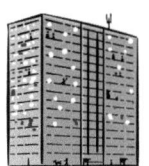
стан
de Wahnung

железничка станица
de Bahnhoff

већница
dat Raathuus

музеј
dat Museum

школа
de School

универзитет

de Universität

банка

de Bank

болница

dat Krankenhuus

хотел

dat Hotel

апотека

de Afteek

канцеларија

dat Büro

књижара

de Bookhökerie

продавница

de Hökerie

цвећара

de Blomenhökerie

супермаркет

de Supermarkt

трг

de Markt

робна кућа

dat Koophuus

рибарница

de Fischhökerie

трговачки центар

dat Inkoopszentrum

лука

de Haven

парк

de Parkanlaag

клупа

de Bank

мост

de Brüch

степенице

de Trepp

подземна железница

de Ünnergrundbahn

тунел

de Tunnel

аутобуска станица

de Busstoppsteed

бар

de Bar

ресторан

dat Spieslokal

поштанско сандуче

de Breefkassen

улични знак

dat Stratenschild

паркирни аутомат

de Parkklock

зоолошки врт

de Deertenpark

базен

de Baadanstalt

џамија

de Moschee

сеоско газдинство

de Buernhoff

загађење околине

de Ümweltsmudden

гробље

de Karkhoff

црква

de Kark

игралиште

de Speelplatz

храм

de Tempel

пејсаж

de Landschop

лист
dat Blatt

путоказ
de Wiespahl

пут
de Weg

ливада
de Wisch

камен
de Steen

дрво
de Boom

шетач
de Wannerer

река
de Fluss

трава
dat Gras

цвет
de Bloom

долина

dat Daal

планина

de Barg

језеро

de See

шума

dat Holt

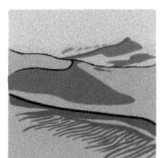

пустиња

de Wööst

вулкан

de Füerspien Barg

дворац

dat Slott

дуга

de Regenbagen

гљива

de Poggenstohl

палма

de Palm

москито

de Steekmück

мува

de Fleeg

мрав

de Miegeemk

пчела

de Imm

паук

de Spinn

буба

de Sebber

жаба

de Pogg

веверица

de Katteker

јеж

de Swienegel

зец

de Haas

сова

de Uul

птица

de Vagel

лабуд

de Swaan

дивља свиња

dat Wildswien

јелен

de Hirsch

лос

de Elk

насип

de Staudamm

ветрењача

dat Windrad

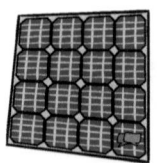

соларна плоча

dat Solarmodul

клима

dat Klima

ресторан

dat Spieslokal

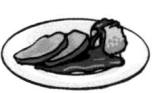

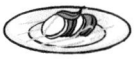

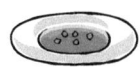

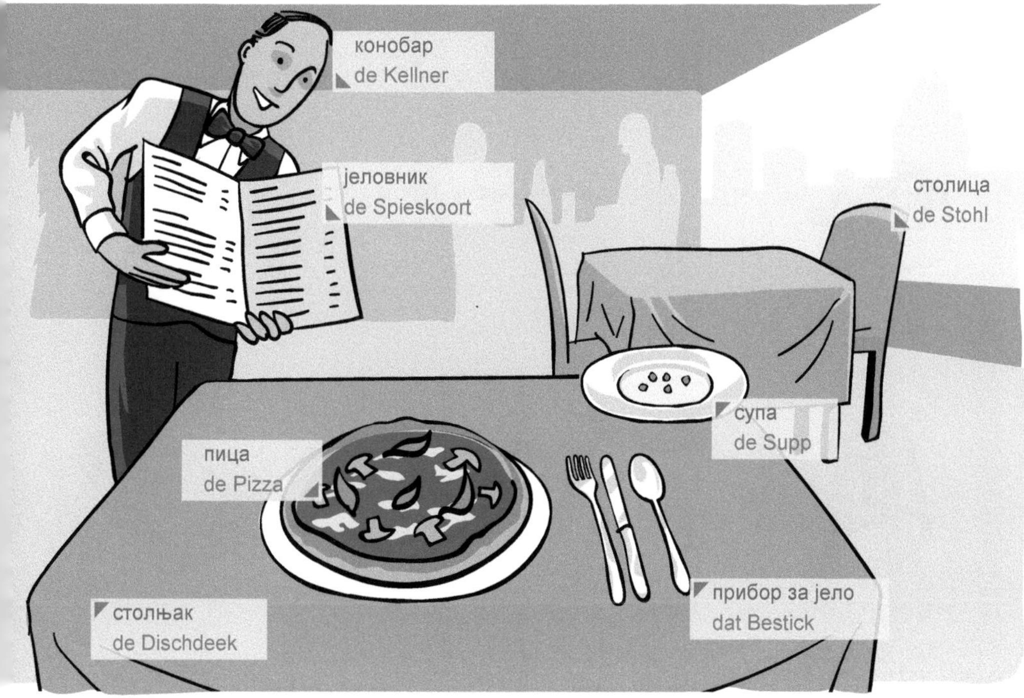

конобар
de Kellner
јеловник
de Spieskoort
столица
de Stohl
супа
de Supp
пица
de Pizza
прибор за јело
dat Bestick
столњак
de Dischdeek

предјело
de Vörspies

главно јело
dat Haupteten

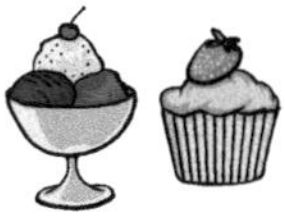

десерт
de Nadisch

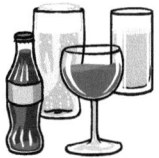

напитци
de Drünk

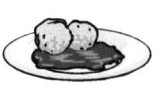

јело
dat Eten

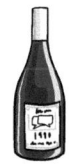

флаша
de Buddel

брза храна

dat Fastfood

имбис храна

dat Strateneten

чајник

de Teekann

доза за шећер

de Zuckerdoos

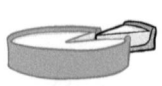

порција

de Portschoon

апарат за еспресо

de Espressomaschien

висока столица

de Hoochstohl

рачун

de Reken

послужавник

dat Tablett

нож

dat Mess

виљушка

de Gavel

кашика

de Lepel

чајна кашика

de Teelepel

салвета

dat Munddook

чаша

dat Glas

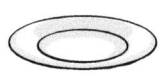

тањир

de Töller

тањир за супу

de Suppentöller

тањирић

de Ünnertass

сос

de Sooß

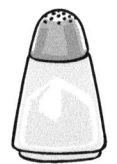

сољенка

de Soltstreuer

млин за бибер

de Pepermöhl

сирће

de Etig

уље

dat Ööl

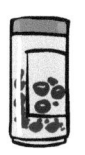

зачини

de Krüder

кечап

de Ketchup

сенф

de Mostrich

мајонеза

de Mayonnaise

супермаркет

de Supermarkt

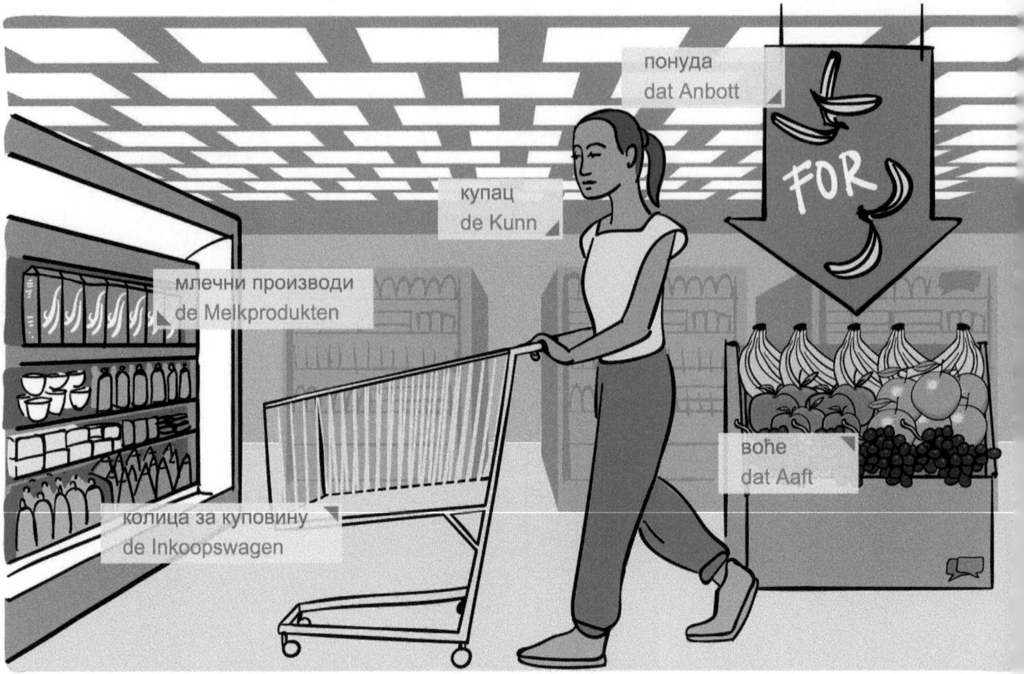

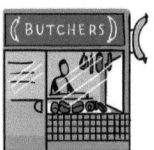

понуда
dat Anbott
FOR
купац
de Kunn
млечни производи
de Melkprodukten
воће
dat Aaft
колица за куповину
de Inkoopswagen

BUTCHERS

месница
de Slachterie

BAKERY

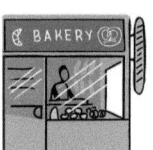

пекара
de Bäckerie

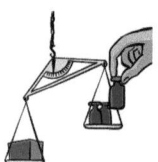

вагати
wegen

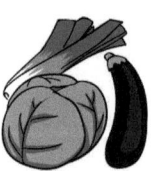

поврће
de Gröönsaken

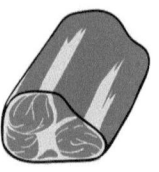

месо
dat Fleesch

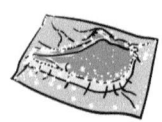

смрзнута храна
de Deepköhlkost

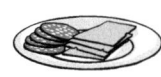

нарезак

de Opsnitt

конзерве

de Konserven

средство за прање

de Waschmiddel

слаткиши

de Snoopkraam

артикли за домаћинство

de Huushooltssaken

средства за чишћење

de Reinmaaktüüch

продавачица

de Verköpersche

благајна

de Kass

благајник

de Kasserer

листа за куповину

de Inkoopslist

време рада

de Opsparrtieden

новчаник

de Breeftasch

кредитна картица

de Kreditkoort

торба

de Tasch

пластична кеса

de Plastiktüüt

напитци
de Drünk

вода
dat Water

сок
de Saft

млеко
de Melk

кола
de Cola

вино
de Wien

пиво
dat Beer

алкохол
de Spriet

какао
de Kakao

чај
de Tee

кава
de Koffie

еспресо
de Espresso

капучино
de Cappucino

банана

de Banaan

jабука

de Appel

наранџа

de Appelsien

лубеница

de Meloon

лимун

de Zitroon

шаргарепа

de Wöttel

бели лук

de Knuuvlook

бамбус

de Bambus

лук

de Zibbel

гљива

de Poggenstohl

орашасти плодови

de Nööt

резанци

de Nudeln

шпагете

de Spaghetti

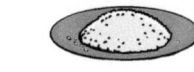

рижа

de Ries

салата

de Salat

помфрит

de Pommes frites

печени крумпир

de Braadkantüffeln

пица

de Pizza

хамбургер

de Hamborger

сендвич

dat Sandwich

шницла

dat Snitzel

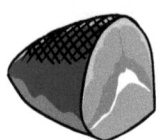

шунка

de Schinken

салама

de Salami

кобасица

de Wust

кокош

dat Hohn

печење

de Braden

риба

de Fisch

зобене пахуљице

de Haverflocken

мусли

dat Müsli

кукурузне пахуљице

de Cornflakes

брашно

dat Mehl

кроасан

de Croissant

пециво

dat Rundstück

хлеб

dat Broot

тоаст

dat Toast

кекси

de Keksen

маслац

de Botter

свежи сир

de Quark

колач

de Koken

jaje

dat Ei

jaje на око

dat Spegelei

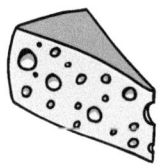

сир

de Kees

сладолед

de Ies

шећер

de Zucker

мед

de Honnig

мармелада

de Marmelaad

нугат крема

de Nougat-Creme

кари

dat Curry

сеоско газдинство

de Buernhoff

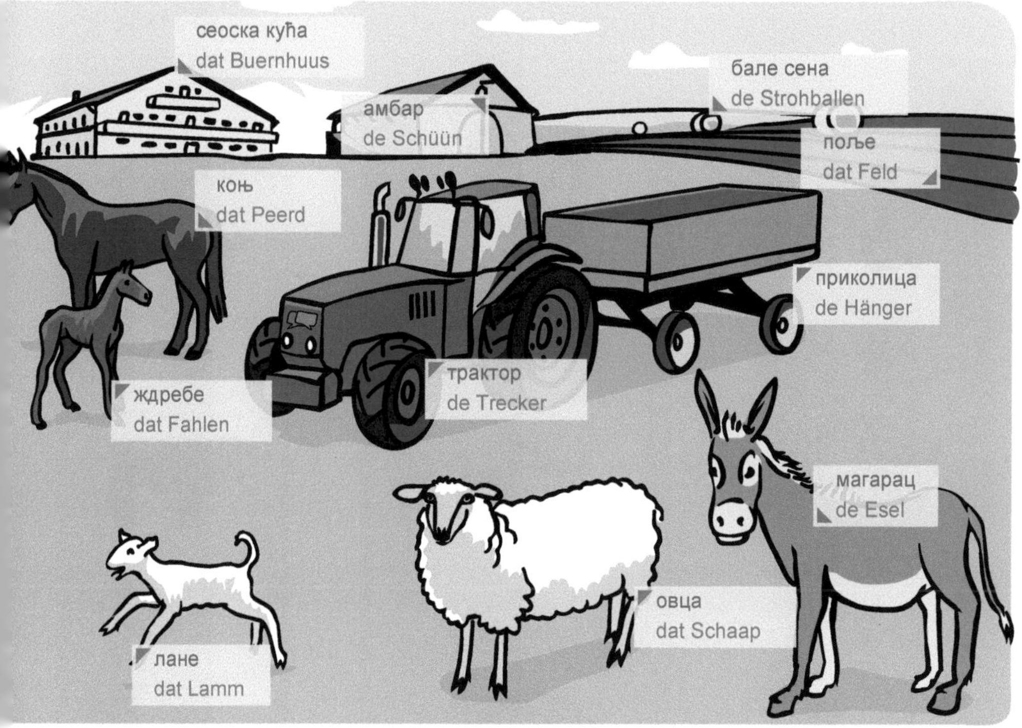
сеоска кућа
dat Buernhuus
амбар
de Schüün
бале сена
de Strohballen
поље
dat Feld
коњ
dat Peerd
приколица
de Hänger
ждребе
dat Fahlen
трактор
de Trecker
магарац
de Esel
овца
dat Schaap
лане
dat Lamm

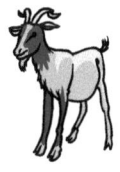

коза

de Zeeg

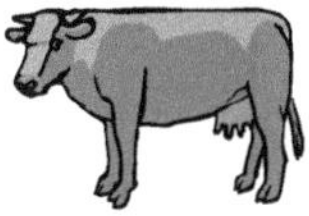

крава

de Koh

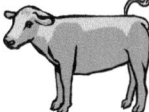

теле

dat Kalf

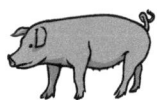

свиња

dat Swien

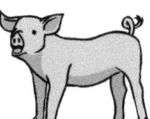

прасе

dat Farken

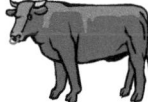

бик

de Bull

гуска

de Goos

патка

de Aant

пилићи

dat Küken

кокош

dat Hohn

петао

de Hahn

пацов

de Rott

мачка

de Katt

миш

de Muus

вол

de Oss

пас

de Hund

кућица за пса

de Hunnenhütt

вртно црево

de Goornslauch

канта за поливање

de Geetkann

коса

de Lee

плуг

de Ploog

срп

de Sich

мотика

de Hack

виљушка за ђубриво

de Mestfork

секира

de Ext

тачке

de Schuufkoor

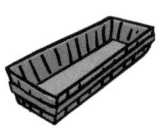

корито

de Trog

посуда за млеко

de Melkkann

врећа

de Sack

ограда

de Tuun

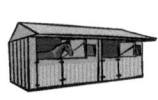

штала

de Stall

стакленик

dat Drievhuus

земља

de Bodden

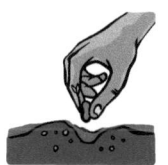

семе

de Saat

ђубриво

de Dünger

комбајн

de Meihdöscher

жети

oornen

жетва

de Oorn

јамс зачин

de Yamswöttel

пшеница

de Weten

соја

dat Soja

крумпир

de Kantüffel

кукуруз

de Törksche Weten

уљана репица

de Rapp

воћка

de Aaftboom

гомољ маниоке

de Troopsch Kantüffel

житарице

dat Koorn

кућа
dat Huus

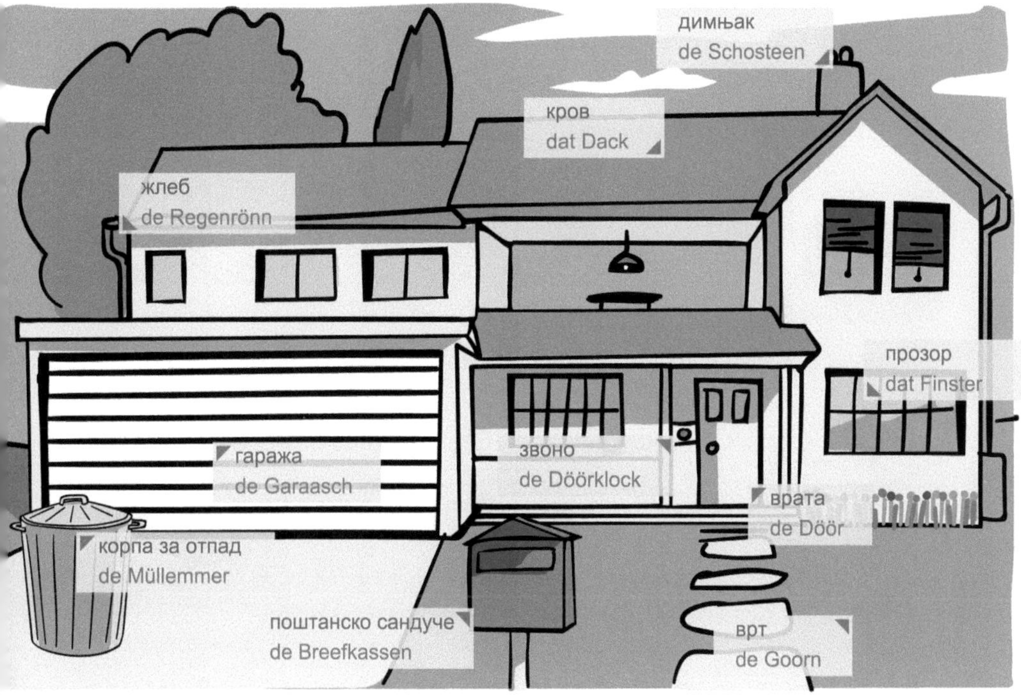
димњак
de Schosteen
кров
dat Dack
жлеб
de Regenrönn
прозор
dat Finster
гаража
de Garaasch
звоно
de Döörklock
врата
de Döör
корпа за отпад
de Müllemmer
поштанско сандуче
de Breefkassen
врт
de Goorn

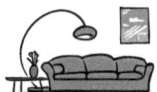

дневна соба

de Wahnstuuv

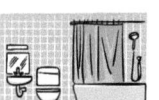

купаоница

de Baadstuuv

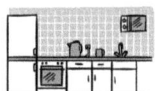

кухиња

de Köök

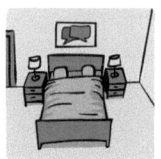

спаваћа соба

de Slaapstuuv

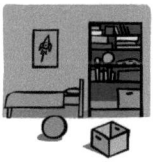

дечија соба

de Kinnerstuuv

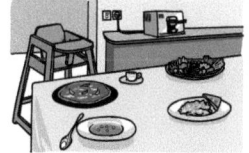

трпезарија

de Eetstuuv

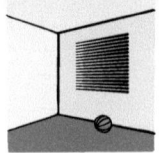

под

de Footbodden

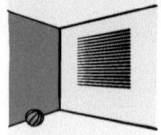

зид

de Wand

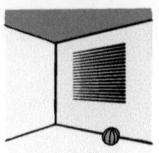

строп

de Deek

подрум

de Keller

сауна

dat Hittluftbad

балкон

de Balkon

тераса

de Terrass

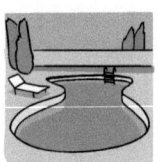

базен

dat Swümmbad

косилица за траву

de Rasenmeiher

постељина за кревет

de Bettbetog

дека за кревет

de Bettdeek

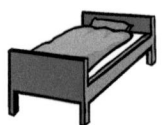

кревет

de Puuch

метла

de Bessen

канта

de Emmer

прекидач

de Schalter

дневна соба
de Wahnstuuv

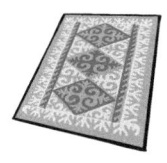

тапета
de Tapeet
слика
dat Bild
светиљка
de Lamp
регал
dat Regal
ормар
dat Schapp
телевизија
de Kiekkassen
камин
de Kamin
цвет
de Bloom
јастук
dat Küssen
кауч
dat Sofa
ваза
de Vaas
даљински управљач
de Feernbedenen

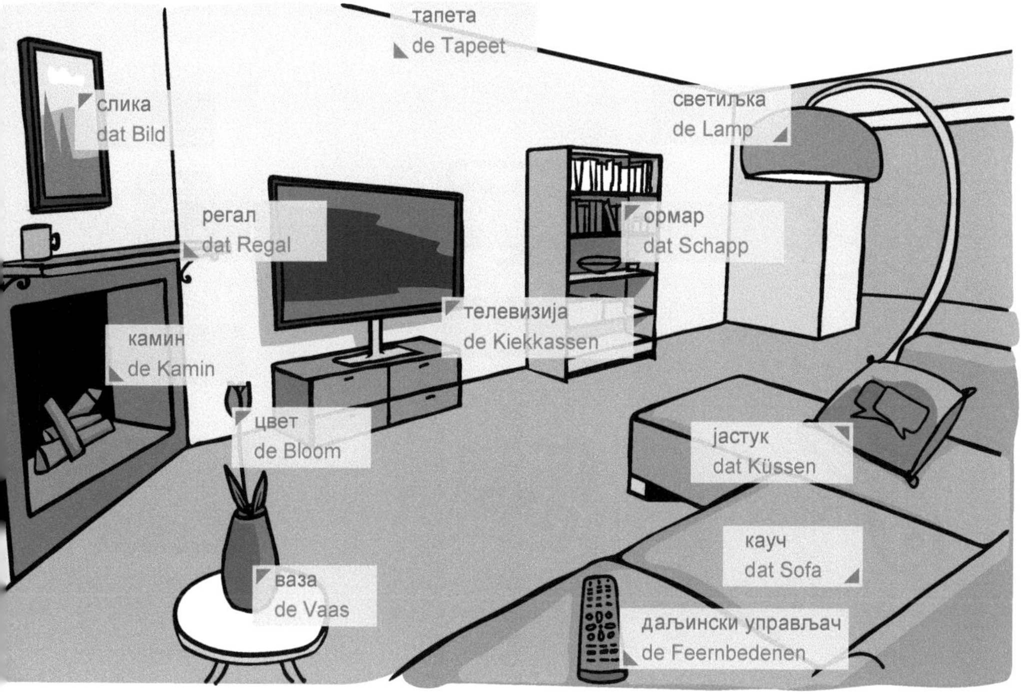

тепих

de Teppich

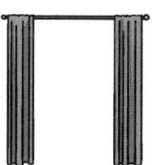

завеса

de Vörhang

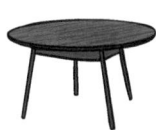

сто

de Disch

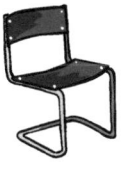

столица

de Stohl

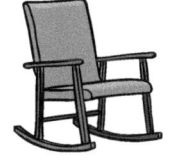

столица за њихање

de Schuckelstohl

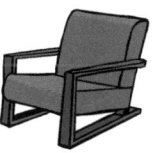

фотеља

de Sessel

књига

dat Book

дека

de Deek

декорација

de Dekoratschoon

дрво за огрев

dat Füerholt

филм

de Film

хи-фи уређај

de Stereoanlaag

кључ

de Slötel

новине

dat Narichtenblatt

слика на платну

dat Gemälde

постер

dat Poster

радио

dat Radio

блок за писање

de Opschrievblock

усисивач

de Huulbessen

кактус

de Kaktus

свећа

de Kars

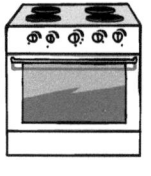

кухиња
de Köök

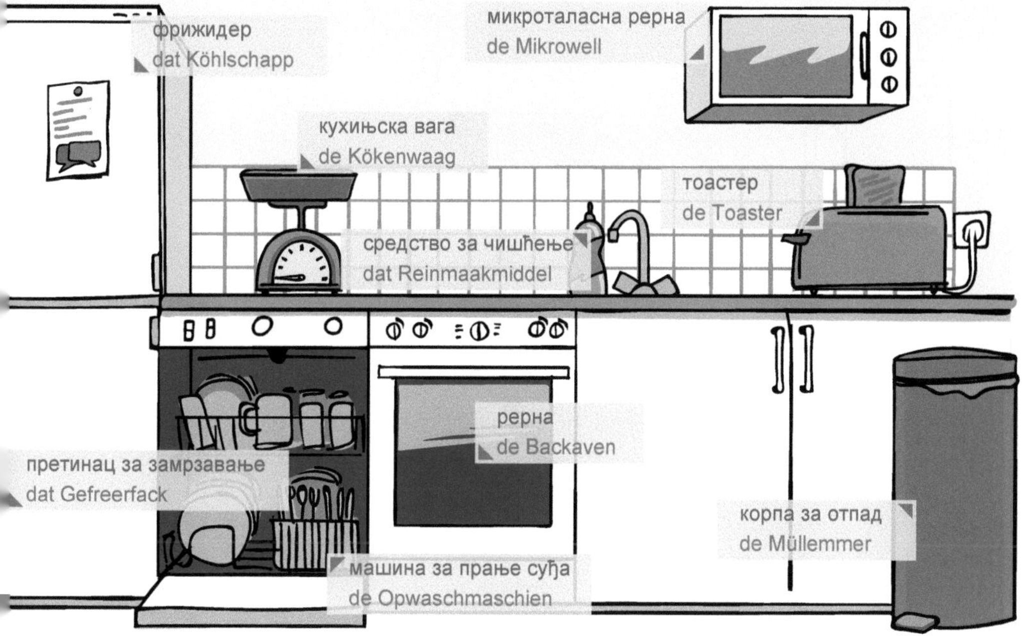
фрижидер
dat Köhlschapp
микроталасна рерна
de Mikrowell
кухињска вага
de Kökenwaag
тоастер
de Toaster
средство за чишћење
dat Reinmaakmiddel
рерна
de Backaven
претинац за замрзавање
dat Gefreerfack
корпа за отпад
de Müllemmer
машина за прање суђа
de Opwaschmaschien

шпорет
de Heerd

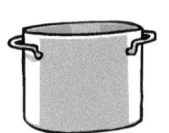

лонац
de Pott

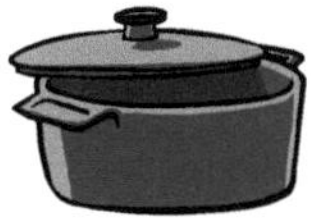

гвоздени лонац
de Gussiesern Putt

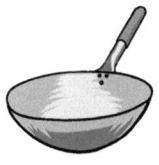

вок / кадаи
de Wok / Kadai

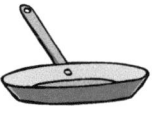

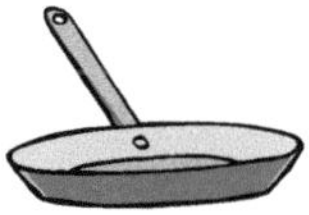

тава
de Pann

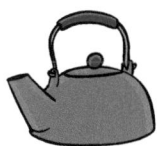

кувало за воду
de Waterkaker

кувало на пару

de Dampkaakputt

лим за печење

dat Backblick

посуђе

dat Geschirr

чаша

de Beker

посуда

de Schaal

штапићи за јело

de Eetsticken

кутлача

de Suppenkell

лопатица

de Pannenwenner

пењача

de Sneebessen

сито за кување

dat Kaakseef

сито

dat Seef

рибеж

de Riev

мужар

de Mörser

роштиљ

de Grill

огњиште

de Füerstell

даска

dat Sniedbrett

оклагија

dat Nudelholt

вадичеп

de Proppentrecker

конзерва

de Doos

отварач конзерви

de Dosenaapner

крпа за лонац

de Pottlappen

судопер

dat Waschbecken

четка

de Böst

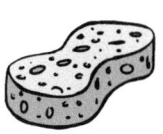

сунђер

de Swamm

миксер

de Mixer

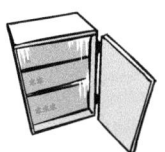

замрзивач

dat Iesschapp

флашица за бебе

de Nuckelbuddel

славина за воду

de Waterhahn

купаоница

de Baadstuuv

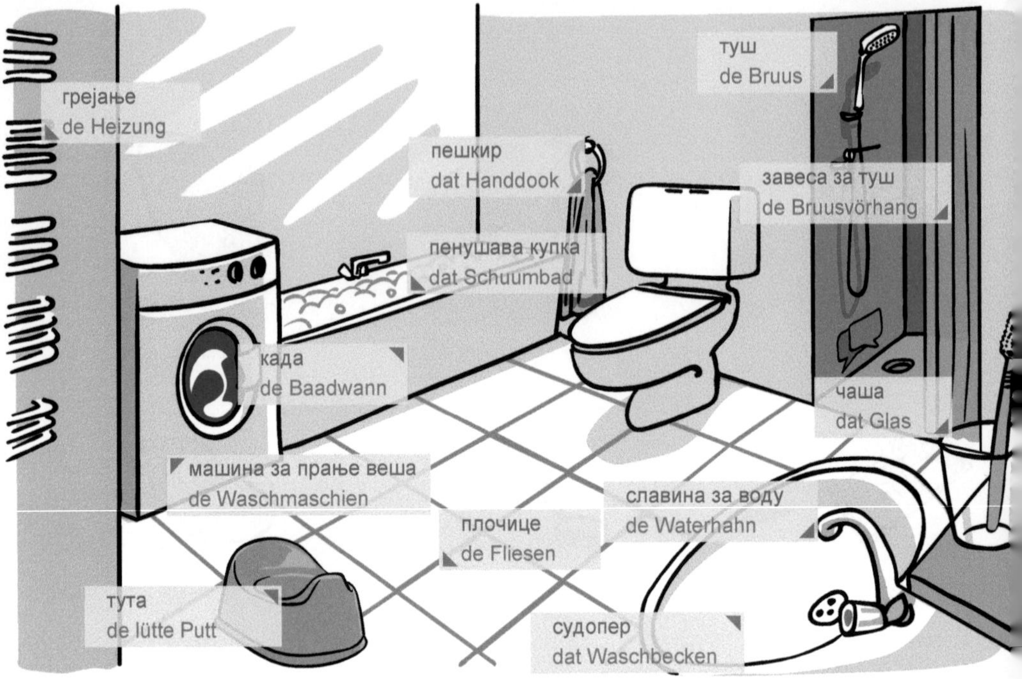

туш
de Bruus

грејање
de Heizung

пешкир
dat Handdook

завеса за туш
de Bruusvörhang

пенушава купка
dat Schuumbad

када
de Baadwann

чаша
dat Glas

машина за прање веша
de Waschmaschien

славина за воду
de Waterhahn

плочице
de Fliesen

тута
de lütte Putt

судопер
dat Waschbecken

тоалет
de Tante Meier

чучавац
de Hockklo

бидет
dat Bidet

писоар
dat Miegbecken

тоалетни папир
dat Klopapeer

четка за тоалет
de Kloböst

четкица за зубе

de Tähnböst

паста за зубе

de Tähnpast

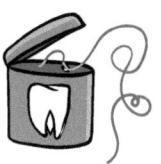

конац за зубе

de Tähnsied

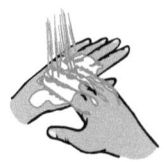

прати

waschen

туш ручица

de Handbruus

туш за прање интимних делова

de Intimbruus

лавор

de Waschschöttel

четка за прање леђа

de Rüchböst

сапун

de Seep

гел за туширање

dat Bruusgeel

шампон

dat Hoorwaschmiddel

крпа за прање

de Waschlappen

одвод

de Afloop

крема

de Creme

дезодоранс

dat Deodorant

огледало

de Spegel

козметичко огледало

de Kosmetikspegel

бријач

de Raserer

пена за бријање

de Raseerschuum

лосион за после бријања

dat Raseerwater

чешаљ

de Kamm

четка

de Böst

фен за косу

de Hoordröger

спреј за косу

dat Hoorspray

шминка

de Smink

руж за усне

de Lippensticken

лак за нокте

de Nagellack

вата

de Watt

маказе за нокте

de Nagelscheer

парфем

dat Rüükwater

козметичка торбица

de Kulturbüdel

столица

de Schemel

вага

de Waag

огртач

de Baadmantel

рукавице за чишћење

de Gummihanschen

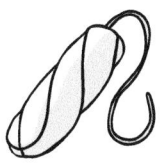

тампон

de Tampon

уложак

de Damenbinn

хемијски тоалет

dat Chemieklo

дечија соба

de Kinnerstuuv

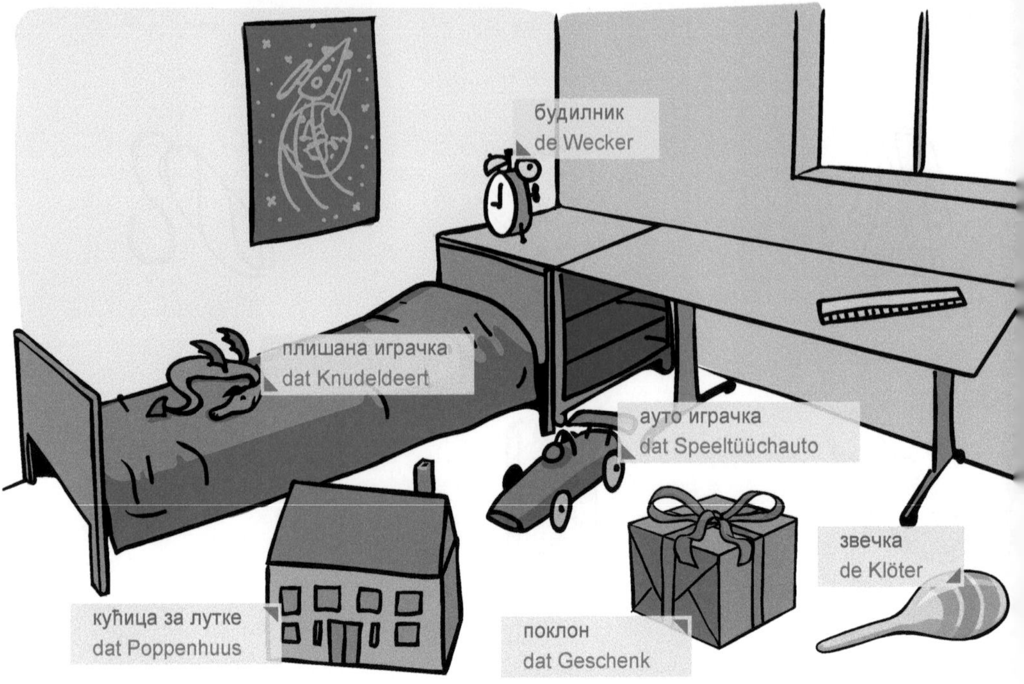

будилник
de Wecker
плишана играчка
dat Knudeldeert
ауто играчка
dat Speeltüüchauto
звечка
de Klöter
кућица за лутке
dat Poppenhuus
поклон
dat Geschenk

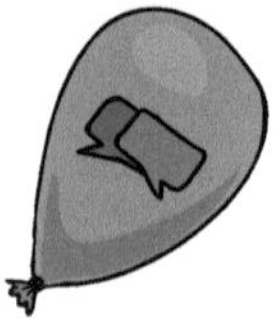

балон

de Luftballon

кревет

de Puuch

дјечија колица

de Kinnerwagen

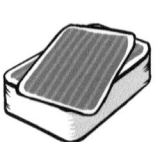

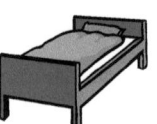

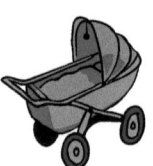

игра са картама

dat Koortenspeel

слагалица

dat Puzzle

SUPER MEGA

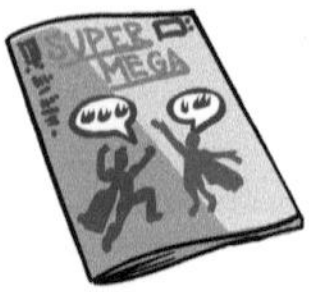

стрип

de Billergeschicht

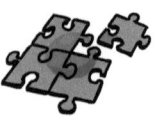

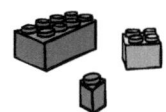

лего коцкице

de Legostenen

коцкице за слагање

de Bustenen

акциони јунак

de Action-Figur

бенкица за бебе

de Strampelantog

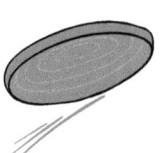

фризби

de Frisbeeschiev

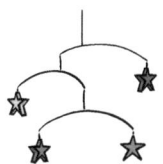

висеће играчке

dat Mobile

друштвене игре

dat Brettspeel

коцка

de Wörpel

минијатурна жељезница

de Modelliesenbahn

дуда

de Snuller

забава

de Party

сликовница

dat Billerbook

лопта

de Ball

лутка

de Popp

играти

spelen

пешчаник

de Sandkassen

љуљачка

de Schuckel

играчка

dat Speeltüüch

конзола за игре

de Speelkonsool

трицикл

dat Dreerad

теди

de Teddyboor

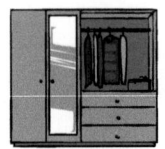

ормар

dat Klederschapp

одећа

dat Tüüch

кратке чарапе

de Socken

чарапе

de Strümp

хулахопке

de Strumpbüx

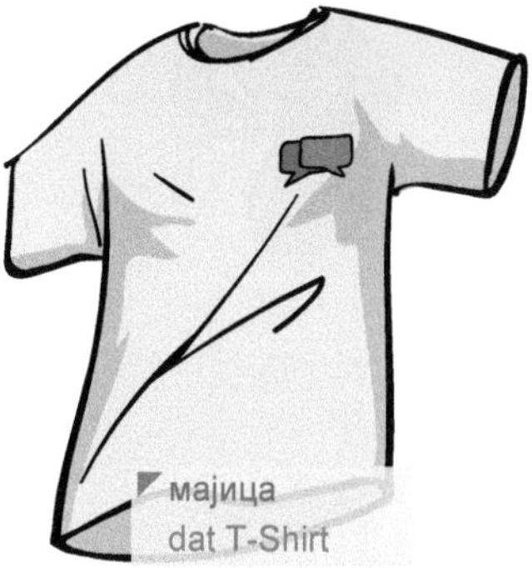

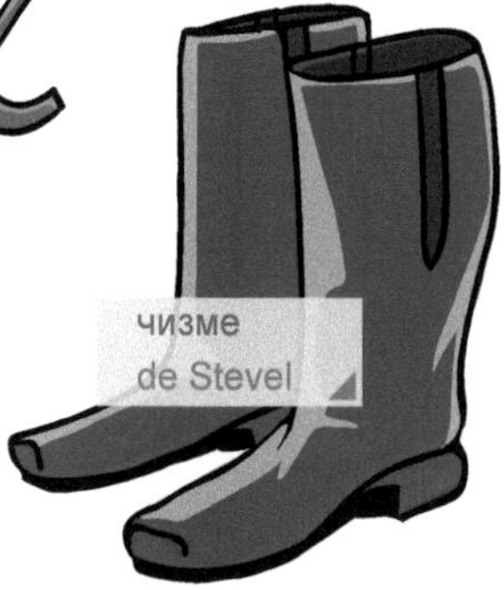

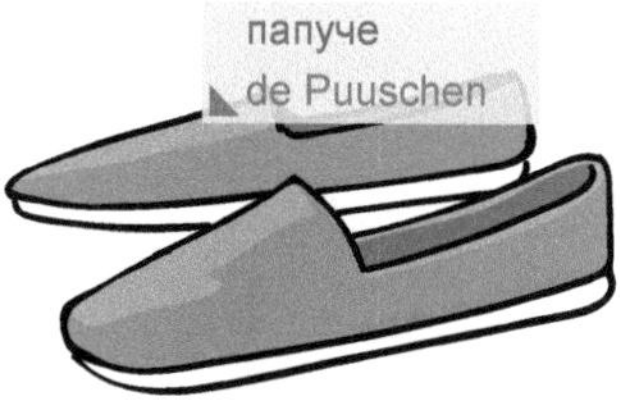

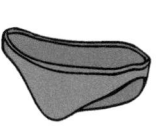

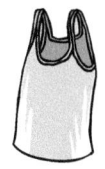

шал
dat Halsdook

каиш
de Liefreem

кишобран
de Paraplü

мајица
dat T-Shirt

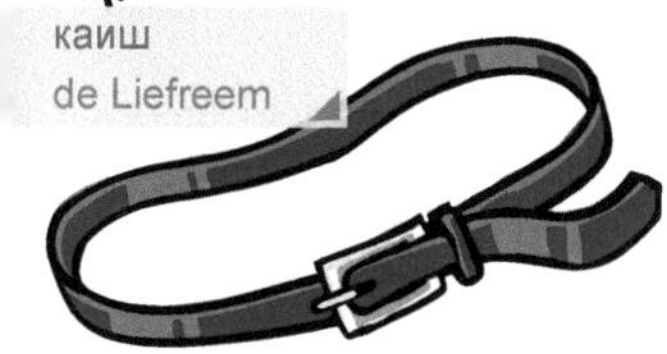

чизме
de Stevel

папуче
de Puuschen

патике
de Turnschoh

сандале
de Sandalen

ципеле
de Schoh

гумене чизме
de Gummistevel

гаћице
de Ünnerbüx

грудњак
de Bostholler

поткошуља
dat Ünnerhemd

боди

de Lief

панталоне

de Büx

фармерке

de Jeansnüx

сукња

de Rock

блуза

de Bluus

кошуља

dat Hemd

џемпер

de Pullover

џемпер с капуљачом

de Kapuzenpullover

сако

de Blazer

јакна

de Jack

мантил

de Mantel

кабаница

de Övertrecker

костим

dat Kostüm

хаљина

dat Kleed

венчаница

dat Hochtietskleed

одело

de Antog

спаваћица

dat Nachtkleed

пиџама

de Slaapantog

сари

de Sari

марама за главу

dat Koppdook

турбан

de Turban

бурка

de Burka

кафтан

de Kaftan

абаја

de Abaya

купаћи костим

de Baadantog

купаће гаћице

de Baadbüx

кратке панталоне

de Korte Büx

одећа за тренинг

de Antog to'n Öven

кецеља

de Schört

рукавице

de Handschoh

дугме

de Knopp

наочаре

de Brill

наруквица

dat Armband

огрлица

de Halskeed

прстен

de Ring

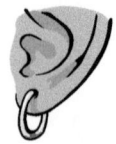

наушница

de Ohrbummel

капа

de Mütz

вешалица

de Klederbögel

шешир

de Hoot

кравата

de Binner

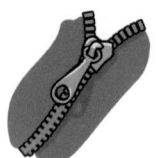

патент затварач

de Rietslüter

кацига

de Helm

нараменице

dat Drachtband

школска униформа

de Schooluniform

униформа

de Uniform

подбрадак
de Severböten

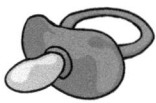

дуда
de Snuller

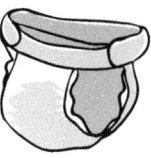

пелена
de Winnel

канцеларија
dat Büro

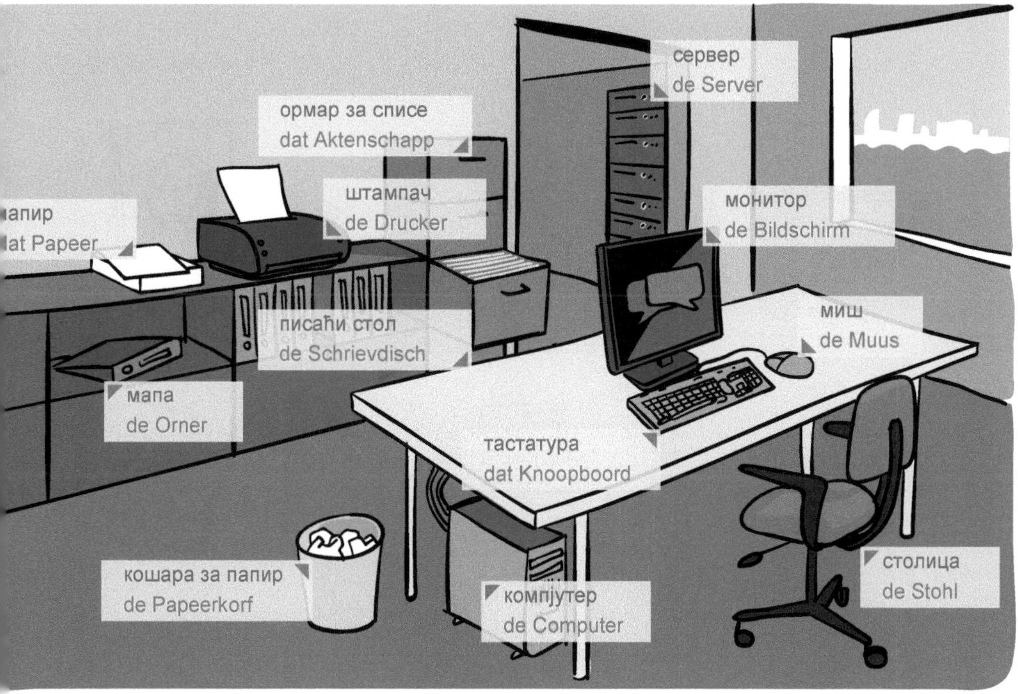

сервер
de Server

ормар за списе
dat Aktenschapp

штампач
de Drucker

монитор
de Bildschirm

апир
at Papeer

писаћи стол
de Schrievdisch

миш
de Muus

мапа
de Orner

тастатура
dat Knoopboord

кошара за папир
de Papeerkorf

компјутер
de Computer

столица
de Stohl

шалица за каву
de Koffiebeker

калкулатор
de Taschenreekner

интернет
dat Internet

лаптоп

de Klappreekner

писмо

de Breef

порука

de Naricht

мобилни телефон

de Ackersnacker

мрежа

dat Nettwark

уређај за копирање

de Kopeerapparat

софтвер

de Software

телефон

de Klöönkassen

утичница

de Steekdoos

факс

de Faxapparat

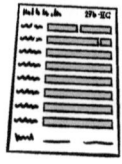

формулар

dat Formulor

документ

dat Dokument

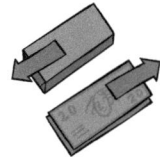

куповати

köpen

платити

betahlen

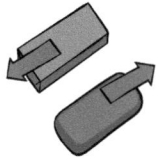

трговати

hanneln

новац

dat Geld

долар

de Dollar

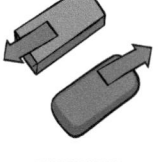

евро

de Euro

јен

de Yen

рубља

de Ruvel

швајцарски франак

de Swiezer Franken

ренминдби јуан

de Renminbi Yuan

рупија

de Rupie

аутомат за новац

de Geldautomat

мењачница

de Wesselstuuv

злато

dat Gold

сребро

dat Sülver

нафта

dat Ööl

енергија

de Energie

цена

de Pries

уговор

de Verdrag

порез

de Stüer

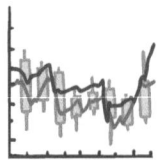

деонице

de Andeelschien

радити

arbeiden

службеник

de Anstellte

послодавац

de Arbeitgever

фабрика

de Fabrik

продавница

de Hökerie

полицајац
de Wachtmeester

ватрогасац
de Füerwehrmann

кувар
de Kock

лекар
de Dokter

пилот
de Fleger

вртлар
de Goorner

столар
de Discher

кројачица
de Neihersche

судија
de Richter

хемичар
de Chemiker

глумац
de Schauspeler

возач аутобуса

de Busfohrer

возач таксија

de Taxifohrer

рибар

de Fischer

чистачица

de Reinmaakfru

кровопокривач

de Dackdecker

конобар

de Kellner

ловац

de Jäger

сликар

de Maler

пекар

de Bäcker

електричар

de Elektriker

грађевински радник

de Buarbeider

инжењер

de Ingenieur

месар

de Slachter

лимар

de Klempner

поштар

de Postbüdel

војник
de Suldat

архитекта
de Architekt

благајник
de Kasserer

цвећар
de Florist

фризер
de Putzbüdel

кондуктер
de Schaffner

механичар
de Mechaniker

капетан
de Kaptein

зубар
de Tähndokter

научник
de Wetenschopler

раби
de Rabbi

имам
de Imam

монах
de Mönk

свећеник
de Paap

алати
dat Warktüüch

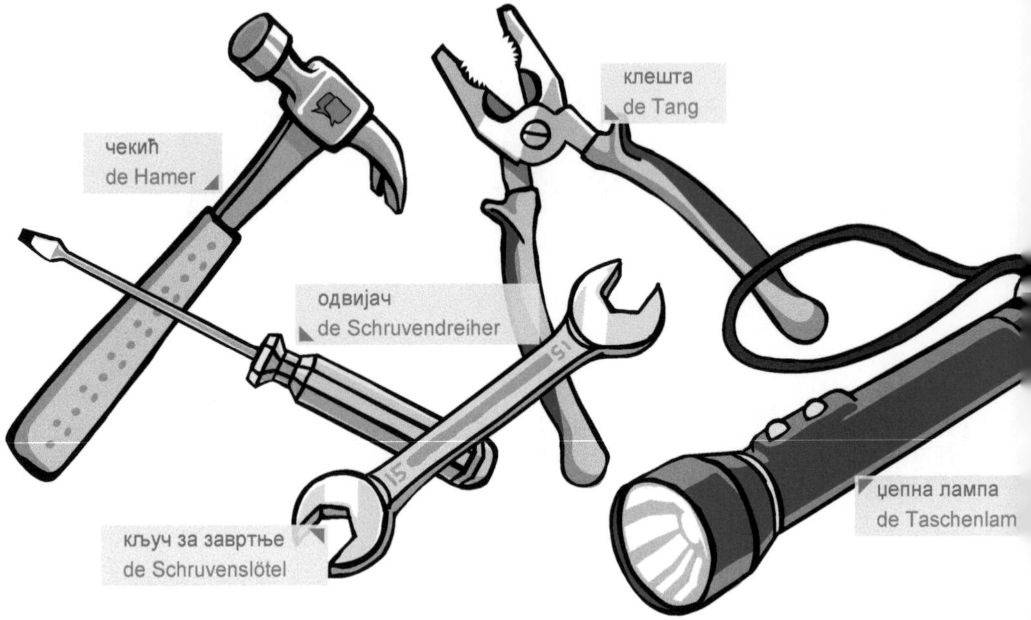

чекић
de Hamer
клешта
de Tang
одвијач
de Schruvendreiher
кључ за завртње
de Schruvenslötel
џепна лампа
de Taschenlam

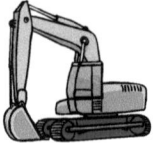

багер

de Grieper

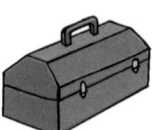

кутија за алат

de Warktüüchkassen

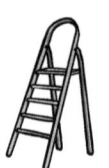

мердевине

de Ledder

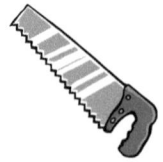

пила

de Saag

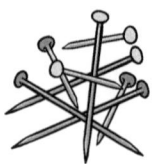

ексер

de Nagels

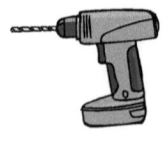

бушилица

de Bohrer

поправити

heelmaken

лопата

de Schüffel

до ђавола!

Schiet!

лопатица

dat Kehrblick

лонац за боју

de Farvpott

завртањи

de Schruven

музички инструмент
de Musikinstrumenten

бубњеви
dat Slagtüüch

звучник
de Luutsnacker

гитара
de Rietfiedel

контрабас
de Bass-Vigelien

труба
de Trumpeet

клавир

dat Klaveer

виолина

de Vigelien

бас

de Bass

тимпани

de Pauk

удараљке за бубњеве

de Trummeln

типке клавира

dat Keyboard

саксофон

dat Saxophon

флаута

de Fleut

микрофон

dat Mikrofoon

зоолошки врт
de Deertenpark

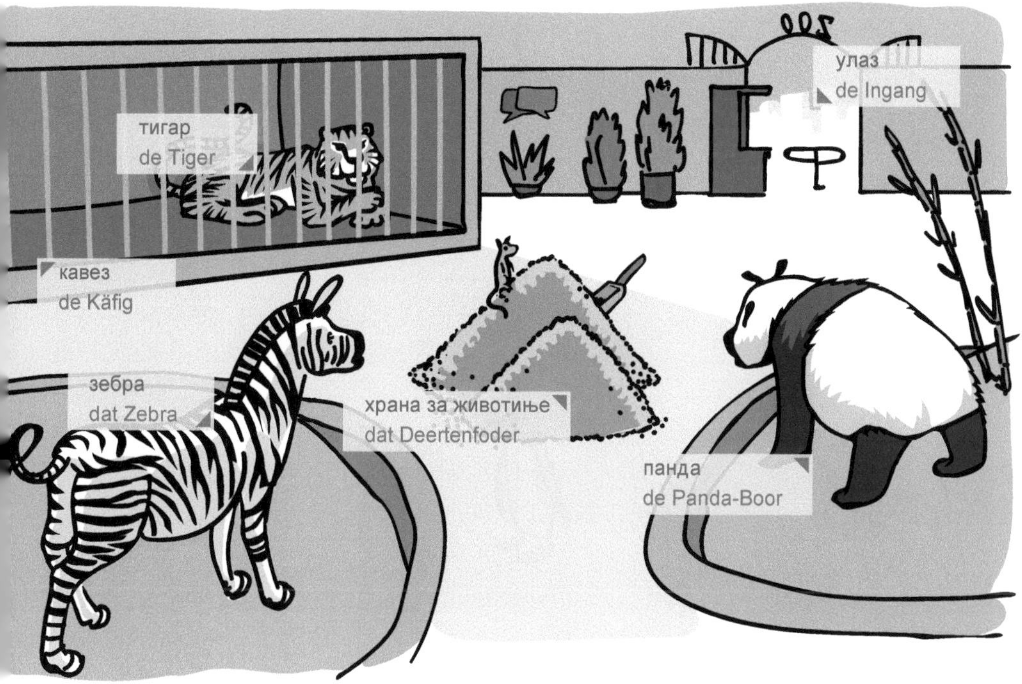
улаз
de Ingang
тигар
de Tiger
кавез
de Käfig
зебра
dat Zebra
храна за животиње
dat Deertenfoder
панда
de Panda-Boor

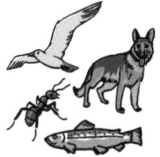

животиње

de Deerten

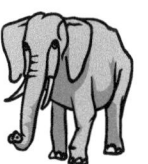

слон

de Elefant

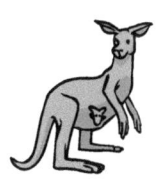

кенгур

dat Känguru

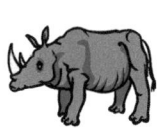

носорог

dat Neeshoorn

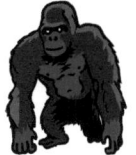

горила

de Gorilla

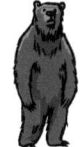

медвед

de Boor

камила

dat Kameel

ној

de Struuß

лав

de Lööv

мајмун

de Aap

фламинго

de Flamingo

папагај

de Papagoi

поларни медвед

de Iesboor

пингвин

de Pinguin

ајкула

de Haifisch

паун

de Pageluun

змија

de Slang

крокодил

dat Krokodil

чувар у зоолошком врту

de Oppasser in'n Deertenpark

туљан

de Saalhund

јагуар

de Jaguor

пони

dat Pony

леопард

de Leopard

нилски коњ

dat Nilpeerd

жирафа

de Giraff

орао

de Aadler

дивља свиња

dat Wildswien

риба

de Fisch

корњача

de Schildkrööt

морж

dat Walross

лисица

de Voss

газела

de Gazell

спорт
de Sport

амерички ногомет
de Amerikaansch Football

бициклизам
dat Radfohren

тенис
dat Tennis

кошарка
de Korfball

пливање
dat Swümmen

бокс
dat Boxen

хокеј на леду
dat Ieshockey

фудбал
de Football

бадминтон
dat Fedderball

атлетика
de Leichtathletik

рукомет
de Handball

скијање
dat Skilopen

поло
dat Polo

активности
de Aktivitäten

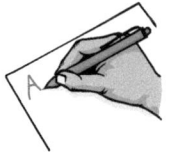

смејати се
lachen
скочити
springen
загрлити
ümarmen
иħи
gahn
певати
singen
сањати
drömen
молити се
beden
пољубити
snuteln

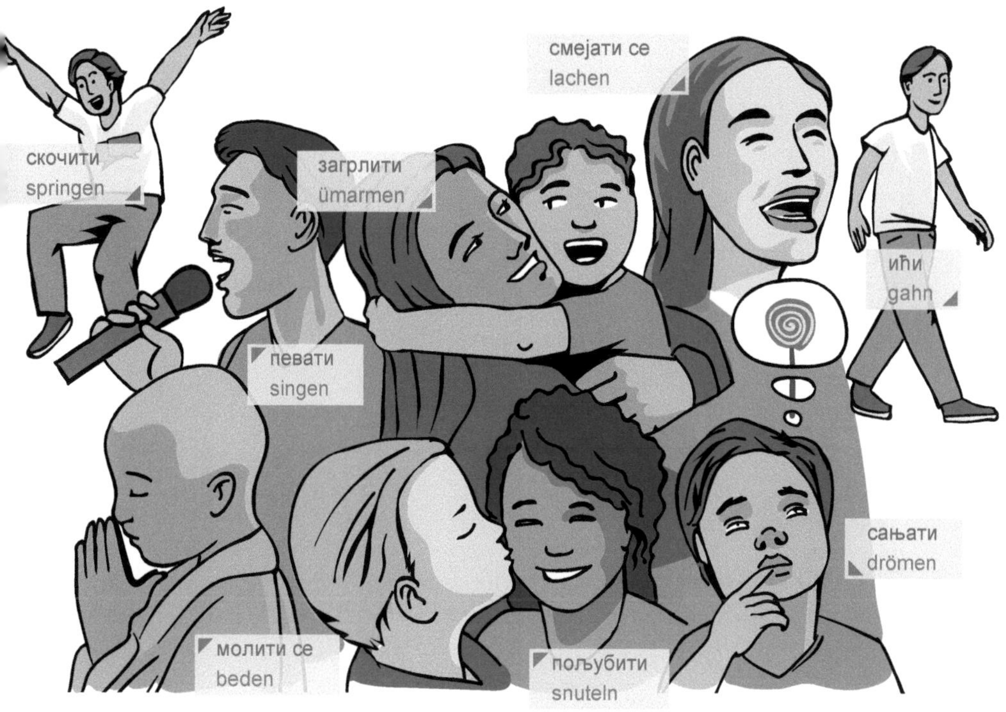

писати
schrieven

цртати
teken

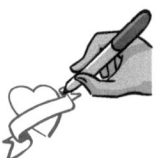

показати
wiesen

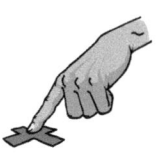

гурати
drücken

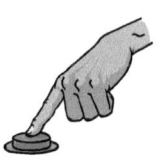

дати
geven

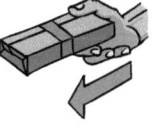

узети
nehmen

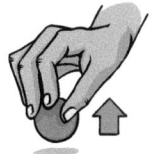

имати

hebben

чинити

doon

бити

sien

стојати

stahn

трчати

lopen

повлачити

trecken

бацити

smieten

падати

fallen

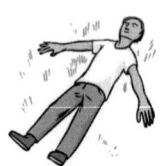

лежати

liggen

чекати

töven

носити

dregen

седити

sitten

облачити

antrecken

спавати

slapen

пробудити се

opwaken

гледати

ankieken

плакати

wenen

миловати

eien

чешљати

kämmen

говорити

snacken

разумети

verstahn

питати

fragen

слушати

hören

пити

drinken

јести

eten

поспремити

oprümen

волети

leefhebben

кухати

kaken

возити

fohren

летети

flegen

активности - de Aktivitäten

65

пловити

segeln

рачунати

reken

читати

lesen

учити

lehren

радити

arbeiden

венчати се

de Plünnen tohoopsmieten

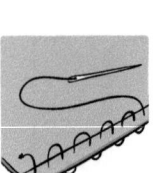

шити

neihen

прати зубе

Tähnen putzen

убити

dootmaken

пушити

smöken

послати

schicken

породица
de Familje

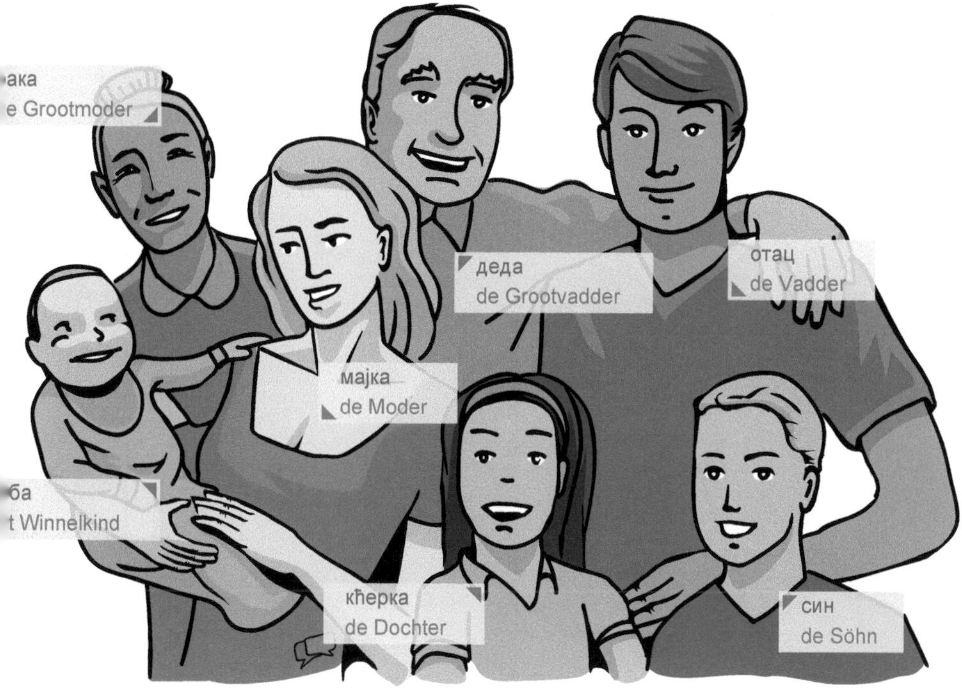

ака
e Grootmoder
деда
de Grootvadder
отац
de Vadder
мајка
de Moder
ба
t Winnelkind
кћерка
de Dochter
син
de Söhn

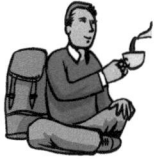

гост

de Gast

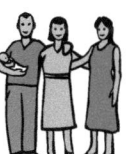

тетка

de Tant

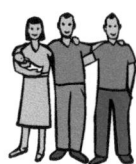

ујак, стриц

de Unkel

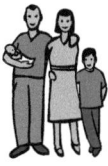

брат

de Broder

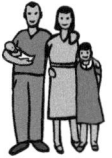

сестра

de Süster

тело
de Lief

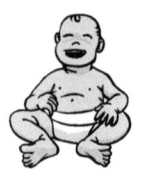

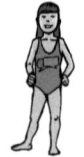

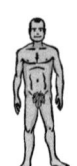

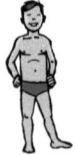

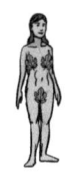

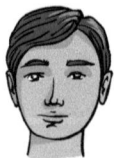

чело
de Vörkopp
око
dat Oog
раме
de Schuller
прст
de Finger
лице
dat Gesicht
брада
dat Kinn
рука
de Hand
нога
dat Been
груди
de Bost
рука
de Arm

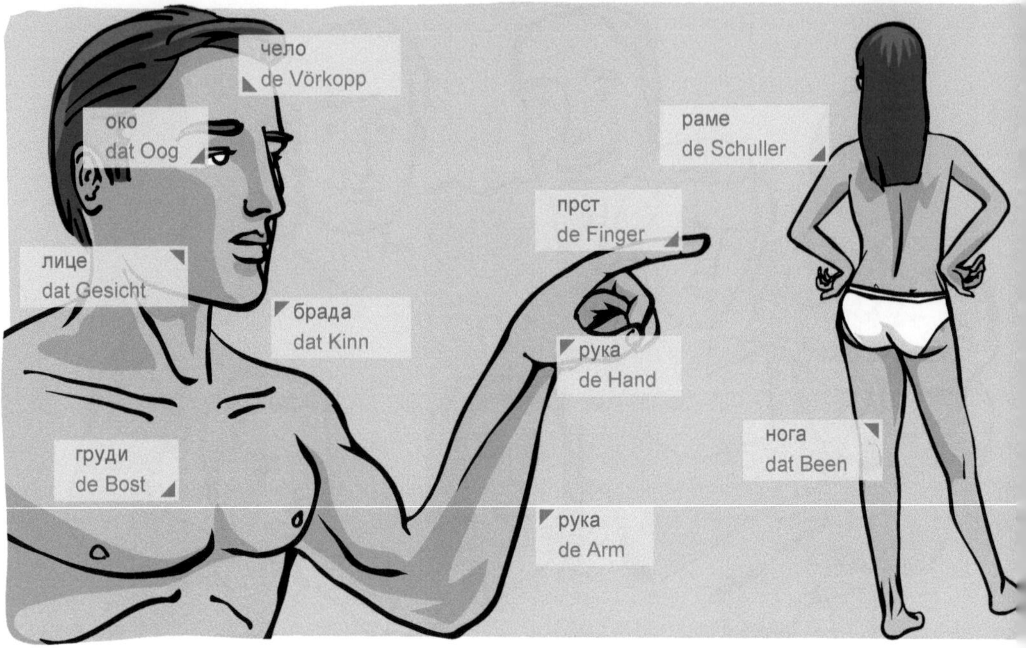

беба

dat Winnelkind

мушкарац

de Mann

жена

de Fro

девојчица

de Deern

дечак

de Jung

глава

de Arm

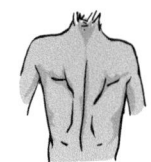

леђа

de Rüch

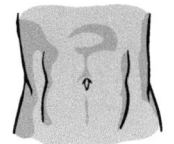

стомак

de Buuk

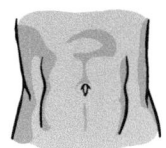

пупак

de Navel

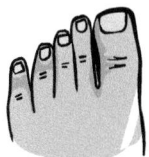

ножни прст

de Teh

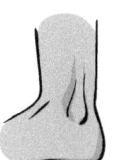

пета

de Hack

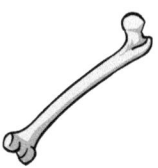

кост

de Knaken

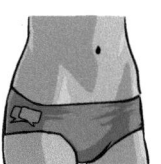

кукови

de Hüft

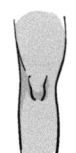

колено

dat Knee

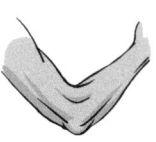

лакат

de Ellbagen

нос

de Nees

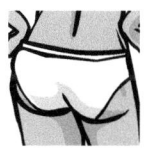

задњица

de Achtersen

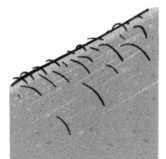

кожа

de Huut

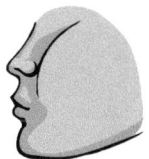

образ

de Back

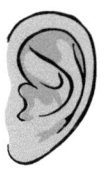

уво

dat Ohr

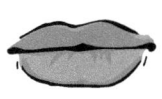

усна

de Lipp

уста

de Mund

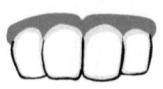

зуб

de Tähn

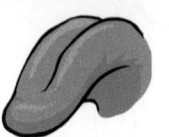

језик

de Tung

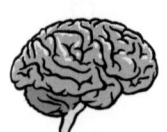

мозак

de Bregen

срце

dat Hart

мишић

de Muskel

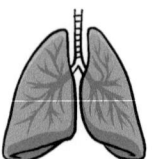

плућа

de Lung

јетра

de Lever

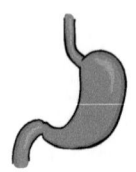

желудац

de Maag

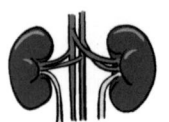

бубрези

de Neren

полни однос

de Bislaap

кондом

dat Kondoom

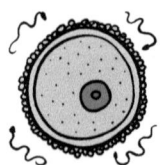

јајна ћелија

de Eizell

сперма

dat Sperma

трудноћа

de Anner Ümstänn

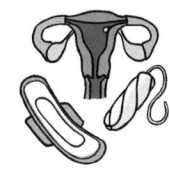

менструација

de Menstruatschoon

вагина

de Scheed

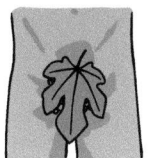

пенис

de Pint

обрва

de Ogenbroe

коса

dat Hoor

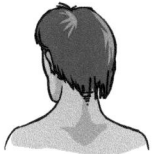

врат

de Hals

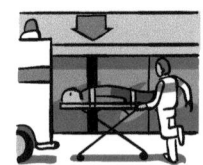

болница

dat Krankenhuus

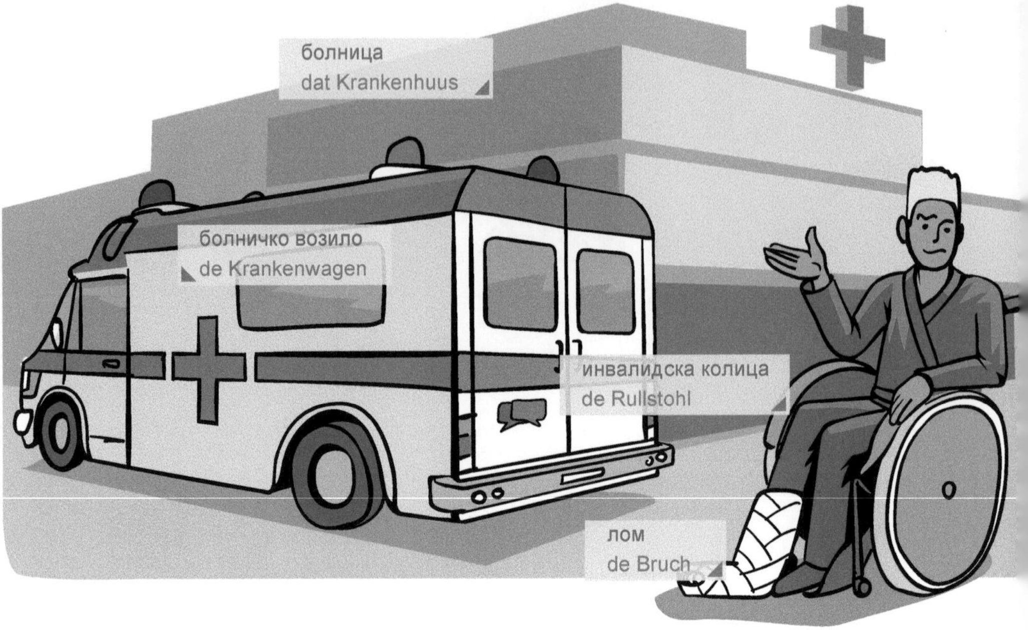

болница
dat Krankenhuus
болничко возило
de Krankenwagen
инвалидска колица
de Rullstohl
лом
de Bruch

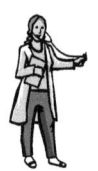

лекар

de Dokter

хитна медицинска служба

de Nootopnahm

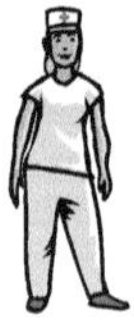

медицинска сестра

de Krankensüster

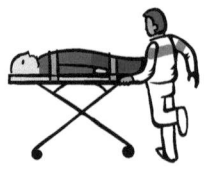

хитни случај

de Nootfall

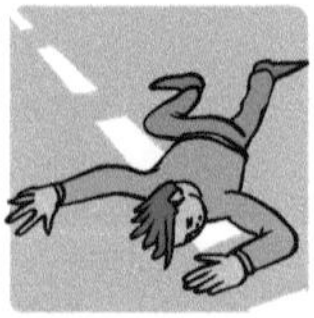

несвест

ahnmächtig

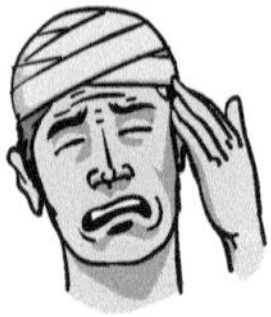

бол

de Wehdaag

повреда

de Verwunnen

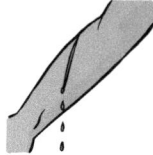

крварење

de Blöden

срчани удар

de Hartinfarkt

удар

de Slaganfall

алергија

de Allergie

кашаљ

de Hoosten

грозница

dat Fever

грипа

de Gripp

пролив

de Dörchfall

главобоља

de Koppwehdaag

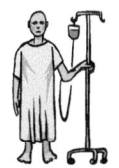

рак

de Kreeft

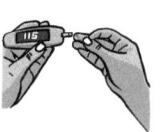

дијабетес

de Zuckersüük

хирург

de Chirurg

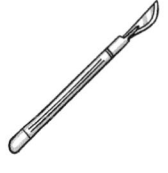

скалпел

dat Chirurgsch Mess

операција

de Operatschoon

цт

dat CT

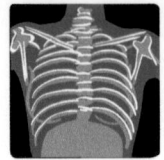

рентген

de Dörchlüchten

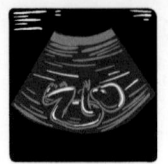

ултразвук

de Ultraschall

маска

de Mask

болест

de Krankheit

чекаона

de Töövruum

штака

de Krück

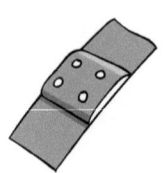

фластер

dat Plaaster

завоj

de Verband

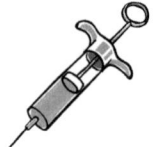

ињекција

de Insprütten

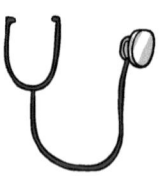

стетоскоп

dat Stethoskop

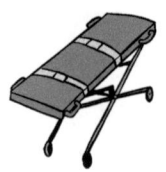

носила

de Draag

термометар

dat Feverthermometer

рођење

de Geboort

прекомерна тежина

dat Övergewicht

слушни апарат

de Höörapparat

средство за дезинфекцију

dat Kiemfriemiddel

инфекција

de Ansteken

вирус

de Virus

хив / аидс

dat HIV / AIDS

медицина

dat Heelmiddel

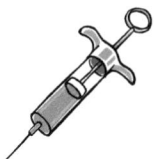

вакцинација

de Impen

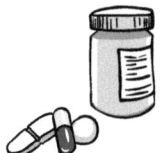

таблете

de Tabletten

пилула

de Pill

хитни позив

de Nootroop

уређај за мерење притиска

de Blootdruck-Meter

болесно / здраво

krank / gesund

помоћ!

Hölp!

аларм

de Alarm

насртај

de Överfall

напад

de Angreep

опасност

de Gefohr

излаз у случају нужде

de Nootutgang

пожар!

dat Füer!

противпожарни апарат

de Füerlöscher

незгода

de Unfall

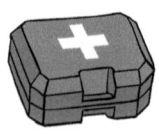

кутија прве помоћи

de Noothölpkoffer

сос

SOS

полиција

de Polizei

Европа

Europa

Северна Америка

Noordamerika

Јужна Америка

Süüdamerika

Африка

Afrika

Азија

Asien

Аустралија

Australien

Атлантик

de Atlantik

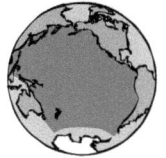

Пацифик

de Pazifik

Индијски океан

dat Indisch Weltmeer

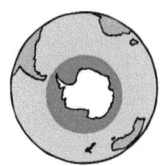

Антарктички океан

dat Antarktisch Weltmeer

Арктички океан

dat Arktisch Weltmeer

Северни рол

de Noordpol

Јужни рол

de Süüdpol

Антарктик

de Antarktis

земља

de Eerd

земља

dat Land

море

de See

оток

dat Eiland

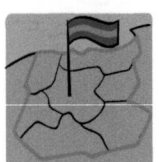

нација

de Natschoon

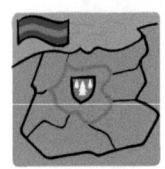

држава

de Staat

бројчаник сата

dat Tallenblatt

сатна казаљка

de Stunnenwieser

минутна казаљка

de Minutenwieser

секундна казаљка

de Sekunnenwieser

Колико је сати?

Wo laat is dat?

дан

de Dag

време

de Tiet

сада

nu

дигитални сат

de digetaalsch Klock

минута

de Minuut

час

de Stunn

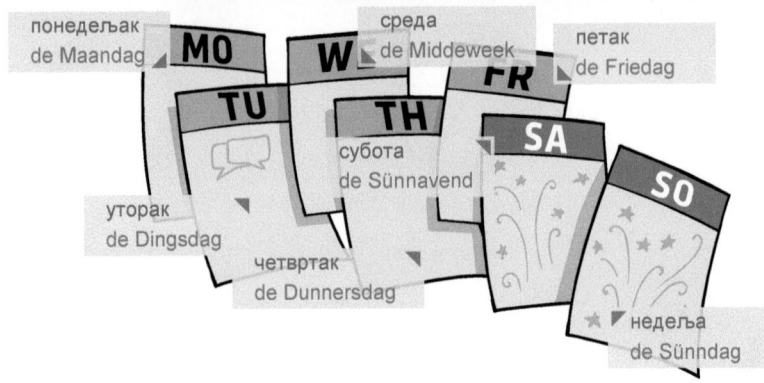

понедељак
de Maandag

среда
de Middeweek

петак
de Friedag

уторак
de Dingsdag

субота
de Sünnavend

четвртак
de Dunnersdag

недеља
de Sünndag

јуче

güstern

данас

hüüt

сутра

morgen

јутро

de Morgen

подне

de Meddag

вече

de Avend

радни дани

de Arbeitsdaag

викенд

dat Wekenenn

година
dat Johr

киша
de Regen
дуга
de Regenbagen
ветар
de Wind
снег
de Snee
пролеће
dat Fröhjohr
јесен
de Harvst
лето
de Sommer
зима
de Winter

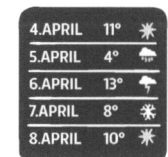

4.APRIL 11°
5.APRIL 4°
6.APRIL 13°
7.APRIL 8°
8.APRIL 10°

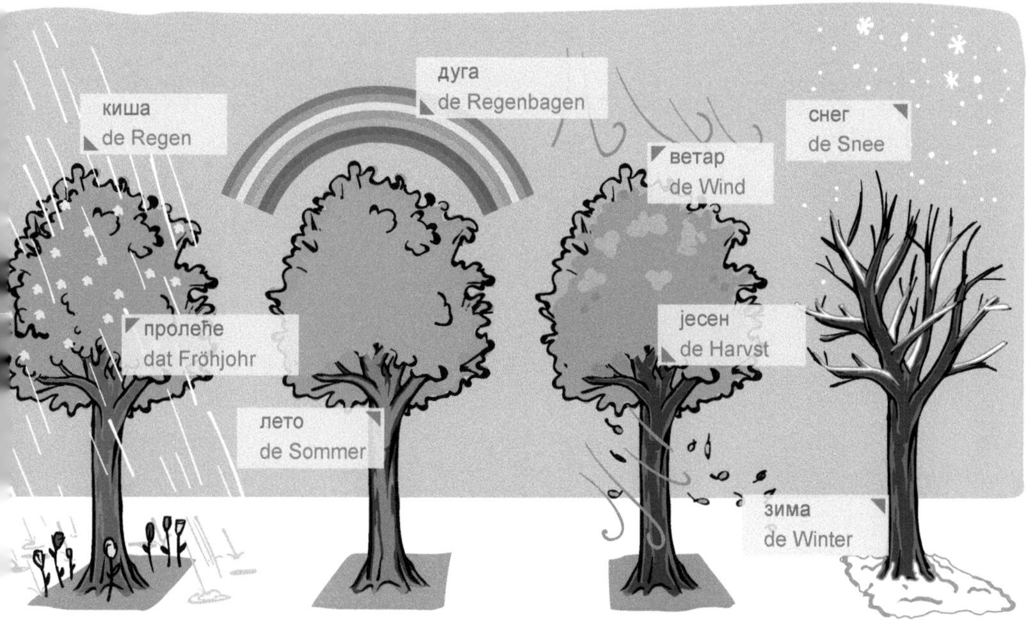

метеоролошка прогноза

de Wedervörhersaag

F C
120 90 60 30 0 -30
40 30 20 10 0 -10 -20

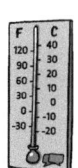

термометар

dat Thermometer

сунчана светлост

de Sünnenschien

облак

de Wulk

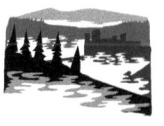

магла

de Nevel

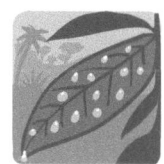

влажност ваздуха

de Luftfuchtigkeit

муња

de Blitz

грмљавина

de Dunner

олуја

de Storm

туча

de Hagel

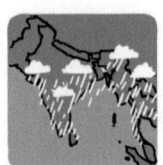

монсун

de Monsun

поплава

de Floot

лед

dat Ies

јануар

de Januormaand

фебруар

de Februormaand

март

de Martmaand

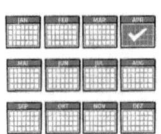

април

de Aprilmaand

мај

de Maimaand

јуни

de Junimaand

јули

de Julimaand

август

de Augustmaand

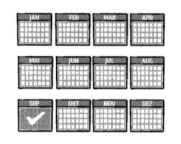

септембар

de Septembermaand

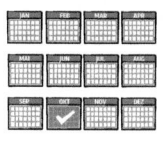

октобар

de Oktobermaand

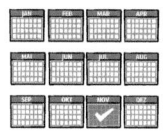

новембар

de Novembermaand

децембар

de Dezembermaand

облици
de Formen

круг

de Krink

квадрат

dat Quadrat

правоугао

dat Rechteck

троугао

dat Dreeeck

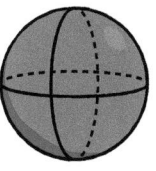

кугла

de Kugel

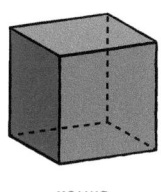

коцка

de Wörpel

бела

witt

жута

geel

наранџаста

orangsch

ружичаста

pink

црвена

root

љубичаста

lila

плава

blau

зелена

gröön

смеђа

bruun

сива

gries

црна

swart

много / мало

veel / wenig

љутито / мирно

böös / verdreeglich

лепо / ружно

smuck / mies

почетак / крај

de Begünn / dat Enn

велико / малено

groot / lütt

светло / тамно

hell / düüster

брат / сестра

de Broder / de Süster

чисто / прљаво

schier / schietig

потпуно / непотпуно

kumpleet / nich kumpleet

дан / ноћ

de Dag / de Nacht

мртво / живо

doot / lebennig

широко / уско

breet / small

јестиво / нејестиво

geneetbor / nich geneetbor

зло / добро

böös / fründlich

узбуђено / досадно

fickerig / langwielt

дебело / мршаво

dick / dünn

на почетку / на крају

toeerst / toletzt

пријатељ / непријатељ

de Fründ / de Fiend

пуно / празно

vull / leddig

тврдо / мекано

hart / week

тешко / лагано

swoor / licht

глад / жеђ

de Smacht / de Döst

болесно / здраво

krank / gesund

илегално / легално

nich na't Recht / na't Recht

паметно / глупо

klook / dummerhaftig

лево / десно

linkerhand / rechterhand

близу / далеко

neeg / feern

ново / половно

nieg / bruukt

ништа / нешто

nix / wat

старо / младо

oolt / jung

укључено / искључено

an / ut

отворено / затворено

apen / slaten

тихо / гласно

lies / luut

богато / сиромашно

riek / arm

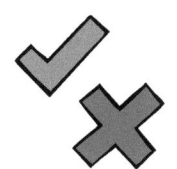

тачно / погрешно

richtig / verkehrt

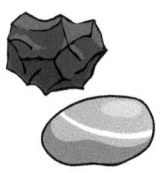

храпаво / глатко

ruug / glatt

тужно / сретно

trurig / glücklich

кратко / дуго

kort / lang

полако / брзо

suutje / flink

мокро / сухо

natt / dröög

топло / хладно

warm / köhl

рат / мир

de Krieg / de Freden

супротности - de Gegendelen

бројеви

de Tallen

0
нула
null

1
један
een

2
два
twee

3
три
dree

4
четири
veer

5
пет
fief

6
шест
söss

7
седам
söven

8
осам
acht

9
девет
negen

10
десет
teihn

11
једанаест
ölven

12

дванаест

twölf

13

тринаест

dörteihn

14

четрнаест

veerteihn

15

петнаест

föffteihn

16

шестнаест

sössteihn

17

седамнаест

söventeihn

18

осамнаест

achtteihn

19

деветнаест

negenteihn

20

двадесет

twintig

100

стотину

hunnert

1.000

хиљаду

dusend

1.000.000

милион

million

језици

de Spraken

енглески

dat Engelsch

амерички енглески

dat Amerikaansch Engelsch

мандарински кинески

dat Chineesch Mandarin

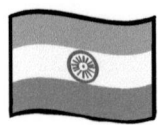

хиндски

dat Hindi

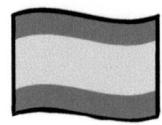

шпански

dat Spaansch

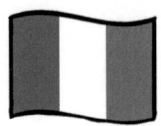

француски

dat Franzöösch

арапски

dat Araabsch

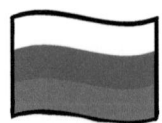

руски

dat Rusch

португалски

dat Portugiesch

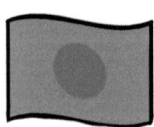

бенгалски

dat Bengaalsch

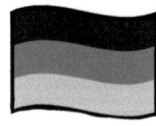

немачки

dat Düütsch

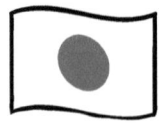

јапански

dat Japaansch

ја

ik

ти

du

он / она / оно

he / se / dat

ми

wi

ви

ji

они

se

Ко?

keen?

Шта?

wat?

Како?

woans?

Где?

woneem?

Када?

wannehr?

име

de Naam

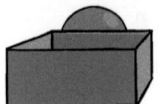

иза

achter

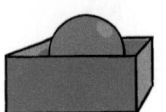

у

in

испред

vör

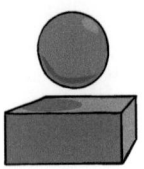

преко

över

на

op

испод

ünner

поред

blangen

између

twüschen

место

de Oort